Richard Albrecht

Karl Marx - Subjektwissenschaftliche Anregungen für gehaltvolle, theoriegeleitete, empirische Analysen metropolischer Gegenwartsgesellschaften.

GRIN Verlag

Bibliografische Information der Deutschen Nationalbibliothek:

Die Deutsche Bibliothek verzeichnet diese Publikation in der Deutschen National-
bibliografie; detaillierte bibliografische Daten sind im Internet über http://dnb.d-
nb.de/ abrufbar.

Impressum:

Copyright © 2006 GRIN Verlag GmbH
Druck und Bindung: Books on Demand GmbH, Norderstedt Germany
ISBN: 978-3-656-53222-4

Dieses Buch bei GRIN:

http://www.grin.com/de/e-book/110452/karl-marx-subjektwissenschaftliche-anre-
gungen-fuer-gehaltvolle-theoriegeleitete

GRIN - Your knowledge has value

Der GRIN Verlag publiziert seit 1998 wissenschaftliche Arbeiten von Studenten, Hochschullehrern und anderen Akademikern als eBook und gedrucktes Buch. Die Verlagswebsite www.grin.com ist die ideale Plattform zur Veröffentlichung von Hausarbeiten, Abschlussarbeiten, wissenschaftlichen Aufsätzen, Dissertationen und Fachbüchern.

Besuchen Sie uns im Internet:

http://www.grin.com/

http://www.facebook.com/grincom

http://www.twitter.com/grin_com

Karl Marx - Subjektwissenschaftliche Anregungen für gehaltvolle, theoriegeleitete, empirische Analysen metropolischer Gegenwartsgesellschaften.

von

Richard Albrecht

Karl Marx

Subjektwissenschaftliche Anregungen für gehaltvolle, theoriegeleitete, empirische Analysen metropolischer Gegenwartsgesellschaften.

Richard Albrecht

I.

Denken und Werk von Karl Marx (1818-1883) stehen in zahlreichen komplexen Zusammenhängen und dialektischen Spannungsfeldern: auf der intellektuell-wissenschaftlichen Ebene zum Beispiel sind zentrale Problemfelder die philosophische Subjekt-Objekt-Problematik, die Wissenschaftsmethodologie von Besonderem und Allgemeinem, das richtungsweisende Verhältnis von gesellschaftlichem Gesetz und sozialer Tendenz und schließlich das widersprüchliche Verhältnis von Theorie und Empirie. Auf der publizistischen Ebene sind zum Beispiel Moral und Wissenschaft - hier vor allem Kritik der politischen Ökonomie und/als Schlüssel zum Verständnis der Analyse der Anatomie der ´bürgerlichen ´Gesellschaft´ (G.F.W. Hegel), ihrer Veränderung durch soziale Bewegungen, schließlich Studium und Beeinflussung dieser - zwei zentrale Interessensfelder.

Der moralische Ausgangspunkt und Impetus ist im Werk von Marx leicht erkennbar, zum Beispiel in seinem anonymen Artikel („Von einem Rheinländer") über die Verhandlungen des sechsten rheinischen Landtags zum Holzdiebstahl in Form des „Holzdiebstahlsgesetz" (1842). Marx verweist hier auf die – zeitgemäß ausgedrückt – gesellschaftliche Bedeutung und Wirksamkeit von Definitionsmacht: Wenn nämlich den Armen das bisher durch Gewohnheitsrecht garantierte Recht „der Armut in allen Ländern", das „seiner Natur nach nur das Recht dieser untersten besitzlosen und elementarischen Masse sein kann" (Marx-Engels-Werke, Berlin 1962 ff: [=MEW]; hier MEW 1, 115) genommen wird – dann werden sie nicht nur entrechtet, sondern auch einer für ihr (Über-) Leben zentralen Handlungsmöglichkeit, nämlich (Feuer-) Holz zu schlagen, beraubt – mit allen Wirksamkeiten fürs wirkliche Leben (früh[er]es Sterben eingeschlossen...)

In einem weiteren „frühen" Text - der damals so unvollendeten wie unveröffentlichten Kritik der Hegelschen Rechtsphilosophie (1844) - skizziert Marx (s)einen aus (s)einer Kritik der Religion entwickelten kategorischen Imperativ: Wenn der „Mensch das höchste Wesen für den Menschen" ist, dann gilt es, so Marx, „alle Verhältnisse umzuwerfen, in denen der Mensch ein erniedrigtes, ein geknechtetes, ein verlassenes, ein verächtliches Wesen ist." (MEW 1, 385)

Diese emphatische moralische Sendung findet sich im, auch literarsprachlich bedeutsamen, „Manifest der Kommunistischen Partei" (1848) von Karl Marx und Friedrich Engels (1820-1895): Nicht nur, daß eine dichte Beschreibung weltgeschichtlicher Entwicklung versucht wird mit der Bourgeoisie als geschichtlicher Vorreiterklasse, die „alle Nationen zwingt", sich ihre, nämlich die kapitalistische, „Produktionsweise anzueignen, wenn sie nicht zugrunde gehen wollen" und sich insofern „eine Welt nach ihrem eigenen Bilde schafft" (MEW 4, 466), daß der „Weltmarkt" nicht nur abstrakt gedacht, sondern konkret im Zusammenhang mit technischen Fortschritten und kommerzieller Internationalisierung als „fortwährende" Revolutionierung „sämtlicher gesellschaftlicher Verhältnisse" (MEW 4, 465) vorgestellt wird – Marx/Engels kritisieren nicht nur die damit einhergehenden neuen und erweiterten Ausbeutungsverhältnisse, sondern erkennen auch in der durch kapitalistische Produktions- und bürgerliche Herrschaftsverhältnisse geschaffenen neuen (Mehrheits-) Klasse, dem Proletariat (oder der Arbeiterklasse), die *Möglichkeit der Abschaffung aller klassenbezogenen Herrschaft überhaupt* (MEW 4, 472).

Der „reife" Marx schließlich analysiert als Sozialwissenschaftler diese gesellschaftlichen „Verhältnisse" genauer und entwickelt, wie zuerst an der Bedeutung des „Holzdiebstahl" angedeutet, (s)einen Begriff von Gesellschaft als Ensemble, als Gesamtheit, schließlich als ´konkrete Totalität´ im übergreifend-allgemeinen Sinn, indem er die Hegel´sche dialektische Methode, „vom Abstrakten zum Konkreten aufzusteigen", sich das Konkrete intellektuell anzueignen und „es als ein geistig

Konkretes zu reproduzieren" (MEW 13, 632), benützt: Aus dieser Sicht besteht Gesellschaft – so Marx 1857/58 in seinen Vorarbeiten zu seinem wissenschaftlichen Hauptwerk „Das Kapital. Kritik der politischen Ökonomie" - „nicht aus Individuen, sondern drückt die Summe der Beziehungen, Verhältnisse aus, worin diese Individuen zueinander stehn." (Grundrisse der Kritik der politischen Ökonomie [Rohentwurf 1857/58], Berlin 1974, hier 176).

II.

Sein wissenschaftliches Plädoyer für etwas, das auch ´gesellschaftliche Vernunft´ genannt werden und durch aktives menschliches Handeln verwirklicht werden könnte, hat Karl Marx im Zusammenhang mit seinen Vorarbeiten zur Kritik der politischen Ökonomie so zusammengefaßt:

„Die Natur baut keine Maschinen, keine Lokomotiven, Eisenbahnen, electric telegraphs, , selfacting mules etc. Sie sind Produkte der menschlichen Industrie; natürliches Material, verwandelt in Organe des menschlichen Willens über die Natur oder seiner Betätigung in der Natur. Sie sind **von der menschlichen Hand geschaffene Organe des menschlichen Hirns**; vergegenständliche Wissenskraft. Die Entwicklung des capital fixe zeigt an, bis zu welchem Grade das allgemeine gesellschaftliche Wissen, knowledge, zur **unmittelbaren Produktivkraft** geworden ist und daher die Bedingungen des gesellschaftlichen Lebensprozesses selbst unter die Kontrolle des general intellect gekommen, und ihm gemäß umgeschaffen sind." ("Grundrisse", 594)

Sowohl Karl Marx als auch Friedrich Engels haben von ihren Früh- bis zu ihren Spätschriften immer wieder die bedeutende Rolle des humanen Intellekts und der kreativen Kraft intellektueller Antizipation betont: Wie es der „junge" Marx war, der als rheinländischer Publizist den strukturanthropologischen Unterschied zwischen dem unter Tieren als „Baumeister" geltenden Biber (ein tierischer „Baumeister mit einem

Fell") und einem Architekten (als menschlicher Baumeister eben kein „Biber ohne Fell") ironisch betonte (MEW 1: 63), als Philosoph den „Menschen als bewußtes Gattungswesen", das im Gegensatz zum Tier „universell produziert" und dabei „auch nach den Gesetzen der Schönheit" formiert (Ökonomisch-philosophische Manuskripte [1844]; MEW 40: 516-517) vorstellte, so war es der analytische Sozialwissenschaftler Marx als Kritiker der politischen Ökonomie, der als Kennzeichen des besonderen menschlichen Arbeitsprozesses die Antizipation des (später zur Ware formverwandelten) Arbeitsprodukts erkannte und betonte (MEW 23: 193):

„Was aber von vornherein den schlechtesten Baumeister vor der besten Biene auszeichnet, ist, daß er die Zelle in seinem Kopf gebaut hat, bevor er sie in Wachs baut. Am Ende des Arbeitsprozesses kommt ein Resultat heraus, das beim Beginn desselben schon in der Vorstellung des Arbeiters, also schon ideell vorhanden war."

Friedrich Engels schließlich verallgemeinerte die *universelle Sonderstellung des Menschen* - humane Naturbeherrschung -, als er in einem Manuskriptfragment 1875/76 (zur Entwicklungsgeschichte der menschlichen Hand bei der „Menschwerdung des Affen") betonte (MEW 20: 322/323):

„Auch Tiere im engem Sinne haben Werkzeuge, aber nur als Glieder ihres Leibes - die Ameise, die Biene, der Biber; auch Tiere produzieren, aber ihre produktive Einwirkung auf die umgebende Natur ist dieser gegenüber gleich Null.

Nur der Mensch hat es fertiggebracht, der Natur seinen Stempel aufzudrücken, indem er nicht nur Pflanzen und Tiere versetzte, sondern auch den Aspekt, das Klima seines Wohnorts, ja die Pflanzen und Tiere selbst so veränderte, daß die Folgen seiner Tätigkeit nur mit dem allgemeinen Absterben des Erdballs verschwinden können."

Hier liegt die anthropologische Begründung dessen, was Marx, wie zitiert, als *„general intellect"* bezeichnete und was *als praktische gesellschaftliche Vernunft bis heute uneingelöst* ist.

III.

Wenn es (wie hier) nicht um Einzelheiten, sondern um Grundlagen im Denken und Werk von Karl Marx geht und damit auch um Ausbeutung und um Möglichkeiten der Aufhebung sie begründender tatsächlicher Unterordnung ("reelle Subsumption") der lebendigen menschlichen Arbeit unter das Kapital, dann ist damit ein gesellschaftliches Grundverhältnis, das Herrschaft von Menschen über Menschen begründet (oder konstituiert), gemeint. Es geht um Ausbeutung lebendiger Menschen durch andere lebendige Menschen im allgemeinen und in der bürgerlich-kapitalistisch bestimmten Gesellschaft um die „Aussaugung der Arbeitskraft" (Karl Marx) in Form der Aneignung fremder Arbeit (der Arbeiter [beiderlei Geschlechts]) – der sogenannten Mehrarbeit – durch andere, die über Arbeits- und Produktionsmittel in Form von Eigentum(stiteln) verfügen. Aus ökonomischem Mehrwert ("surplus labour", auch „surplus value") entsteht gesellschaftliche Mehrproduktion ("surplus produce") und ein gesellschaftliches Mehrprodukt[1]. Und wie in kultur- und sozialwissenschaftlicher Hinsicht weniger das generelle kapitalistische „Gesetz" der (fallenden) Profitrate [2] als vielmehr der allgemeine gesellschaftliche Prozeß der Pauperisierung der entscheidende, wenngleich nicht absolute, Faktor ist, so ist auch für das gesellschaftliche Ausbeutungs- oder Exploitationsverhältnis und darauf beruhender institutionalisierter Herrschaft minderheitlicher Menschengruppen über gesellschaftliche Mehrheiten nicht die eine oder andere Herrschaftsform von Interesse - etwa Produktion von absolutem und relativem Mehrwert entsprechend historischer Ausbildung von Unterordnung (Subsumption) lebendiger Arbeit unters Kapital als typischerweise zunächst formelle, dann reelle Subsumption, oder, entsprechend entwickelter gesellschaftlicher Arbeitsteilung, als zunächst industrieller, dann kommerzieller Profit. Entscheidend/er ist das jeweilige Verhältnis von lebendiger zu vergegenständlichter Arbeit in Form der die Kapitalakkumulation bestimmenden organischen Zusammensetzung des Kapitals.

IV.

Empirisch höchstaktuell sind Hinweise von Karl Marx zur „Produktion der relativen Übervölkerung" (das Irrwort: Über*be*völkerung benützt Marx selbst selten. Es findet sich vor allem im von Engels bearbeiteten/veröffentlichten dritten „Kapital"-Band), ihrer verschiedenen Formen und ihrer inneren Gliederung („Intrastruktur") einerseits und des sich daraus ergebenden allgemeinen gesellschaftlichen Gesetzes der Kapitalakkumulation andererseits (MEW 23, 670-677). Es handelt sich hier weder um irgendwelche Einzel- noch um erkennbare Besonderheiten ... sondern um (Marx selbst fügt überakzentuiert hinzu: *„das absolute"*") *„das allgemeine Gesetz der kapitalistischen Akkumulation"* und damit, entgegen allem oberflächenmarxistischen An- und Augenschein, eben nicht um die „Rückkehr der Reservearmee"[3], sondern um die strukturelle Verortung (auch, aber nicht nur, dieser) in einem differenziertem, klassenbezogenen, Schichtungsmodell.

In diesem Zusammenhang geht es auch um die Schichtung/Dreigliederung von (i) industrieller Reservearmee als Übergreifend-Allgemeinem, (ii) Pauperismus als Besonderem und (iii) Lumpenproletariat (im engeren Sinn: „Verkommene, Verlumpte, Arbeitsunfähige") als Einzelnem. Pauper(ismus) hingegen als besondere – auch empirisch bedeutsame - Kategorie bezielt weder Einzelheiten noch Allgemeines, sondern bildet als Ausdruck des allgemeinen gesellschaftlichen Prozesses der relativen Übervölkerungsproduktion

„das Invalidenhaus der aktiven Arbeiterarmee und das tote Gewicht der industriellen Reservearmee" (MEW 23, 673). Hier verweist Marx nicht nur auf die (auch ehemalige Angehörige des Industrieproletariats umfassende) pauperisierte und vom Lumpenproletariat zu unterscheidende „Lazarusschicht der Arbeiterklasse" – sondern arbeitet, viel wesentlicher, auch *das absolute, allgemeine Gesetz der kapitalistischen Akkumulation*" (MEW 23, 674) heraus:

„Der tiefste Niederschlag der relativen Übervölkerung endlich behaust die Sphäre des Pauperismus. Abgesehn von Vagabunden, Verbrechern, Prostituierten, kurz dem eigentlichen Lumpenproletariat, besteht diese Gesellschaftsschichte aus drei Kategorien. Erstens Arbeitsfähige. Man braucht die Statistik des englischen Pauperismus nur oberflächlich anzusehn, und man findet, daß seine Masse mit jeder Krise schwillt und mit jeder Wiederbelebung des Geschäfts abnimmt. Zweitens: Waisen- und Pauperkinder. Sie sind Kandidaten der industriellen Reservearmee und werden in Zeiten großen Aufschwungs [...] rasch und massenhaft in die aktive Arbeiterarmee einrolliert. Drittens: Verkommene, Verlumpte, Arbeitsunfähige. Es sind namentlich Individuen, die an ihrer durch die Teilung der Arbeit verursachten Unbeweglichkeit untergehn, solche, die über das Normalalter eines Arbeiters hinausleben, endlich die Opfer der Industrie, deren Zahl mit gefährlicher Maschinerie, Bergwerksbau, chemischen Fabriken etc. wächst, Verstümmelte, Verkrankte, Witwen etc. Der Pauperismus bildet das Invalidenhaus der aktiven Arbeiterarmee und das tote Gewicht der industriellen Reservearmee. Seine Produktion ist eingeschlossen in der Produktion der relativen Übervölkerung, seine Notwendigkeit in ihrer

Notwendigkeit, mit ihr bildet er eine Existenzbedingung der kapitalistischen Produktion und Entwicklung des Reichtums. Er gehört zu den faux frais der kapitalistischen Produktion, die das Kapital jedoch großenteils von sich selbst ab auf die Schultern der Arbeiterklasse und der kleinen Mittelklasse zu wälzen weiß.

Je größer der gesellschaftliche Reichtum, das funktionierende Kapital, Umfang und Energie seines Wachstums, also auch die absolute Größe des Proletariatsund die Produktivkraft seiner Arbeit, desto größer die industrielle Reservearmee. Die disponible Arbeitskraft wird durch dieselben Ursachen entwickelt wie die Expansivkraft des Kapitals. Die verhältnismäßige Größe der industriellen Reservearmee wächst also mit den Potenzen des Reichtums. Je größer aber diese Reservearmee im Verhältnis zur aktiven Arbeiterarmee, desto massenhafter die konsolidierte Übervölkerung, deren Elend im umgekehrten Verhältnis zu ihrer Arbeitsqual steht. Je größer endlich die Lazarusschicht der Arbeiterklasse und die industrielle Reservearmee, desto größer der offizielle Pauperismus. *Dies ist das absolute, allgemeine Gesetz der kapitalistischen Akkumulation.* Es wird gleich allen andren Gesetzen in seiner Verwirklichung durch mannigfache Umstände modifiziert, deren Analyse nicht hierher gehört" (MEW 23, 673/674).

Bei weiteren empirischen Analysen im allgemeinen und jeder Arbeit mit statistischen Daten und Materialien im besonderen ist wie bei allen soziologischen Realanalysen methodisch immer zu bedenken: So wenig wie Aussagen über soziale und Menschengruppen als Maßstab für Individuen taugen – so sehr darf nicht vergessen werden, daß Marx im

Zusammenhang mit dem grundlegendem gesellschaftlichen *Prozeß der relativen Übervölkerungsproduktion* ein besonderes sozialwissenschaftliches Modell entwickelte, mit statistischen Daten veranschaulichte und selbstverständlich – so auch im dritten Band des „Kapital" ausdrücklich betont – wußte, daß Theorie und Empirie niemals identisch sein können, sondern daß es sich vielmehr nur um ein asymptotisches Verhältnis der Annäherung handelt kann:

"In der Theorie wird vorausgesetzt, daß die Gesetze der kapitalistischen Produktionsweise sich rein entwickeln. In der Wirklichkeit besteht immer nur Annäherung; aber diese Annäherung ist umso größer, je mehr die kapitalistische Produktionsweise entwickelt und je mehr ihre Verunreinigung und Verquickung mit Resten früherer ökonomischer Zustände beseitigt ist" (MEW 25, 184)

V.

Als der deutsche Wikipedia-Eintrag zu „Karl Marx" noch jener von Karl Popper propagierten „offenen Gesellschaft" entsprechen sollte, erhielt er auch einen Abschnitt mit Hinweisen auf Marx´sche Anregungen zur empirischen Analyse metropolischer Gegenwartsgesellschaften. Dabei ging es einmal um (i) *Gesellschaft* und (ii) *Technologie* als Schlüsselbegriffe marxistischer Sozialtheorie sowie um (iii) *Pauperismus* als empirische Leitkategorie gehaltvoller Sozial- und Klassenstruktur-analysen:

„(i) ausgehend vom Engels/Marxschen Hinweis, dass "nicht das Bewusstsein das Leben, sondern das Leben das Bewusstsein" bestimmt (Marx/Engels: Die deutsche Ideologie; Marx-Engels-Werke/MEW 3, 27: "It is in fact not the consciousness dominating life but the very life dominating consciousness") verwies der Autor mit Blick auf so absurde Thesen wie: "There is no such thing as society, only men and women and their families" (Margaret Thatcher, deutsch etwa: Gesellschaft ist ein Unding, so etwas wie Gesellschaft gibt es nicht. Es gibt nur Männer, Frauen, und deren Familien) gegen jede reduktionistische, individualistische und obscuristische Soziologie darauf, daß, so Karl Marx, Gesellschaft "nicht aus Individuen [besteht], sondern die Summe der Beziehungen, Verhältnisse aus[drückt], worin diese Individuen zueinander stehn" (Grundrisse der Kritik der politischen Ökonomie/Rohentwurf, 1857/58: "Any society does not consist of individuals but expresses the sum of relationships [and] conditions that the individual actor is forming")";

„(ii) erinnerte der Autor an den von Karl Marx selbst nur beiläufig im ersten Band des "Kapital" in einer Fußnote erwähnten Begriff "Technologie" als Leitkategorie einer Sozialtheorie: "Die Technologie enthüllt das aktive Verhalten des Menschen zur Natur, den unmittelbaren Produktionsprozess eines Lebens, damit auch seiner gesellschaftlichen Lebensverhältnisse und der ihnen entquellenden geistigen Vorstellungen" (Das Kapital I, 1867, Kapitel 13, Anm. 89: "Maschinierie und große Industrie": "Technology discloses the active relation of man towards nature, as well as the direct process of production of his very life, and thereby the process of production of his basic societal relations, of his own mentality, and his images of society, too"). Der Autor unterschied diese umfassende Kategorie der Technologie von einem engeren Begriff von Technik im Rahmen einer subjektwissenschaftlich-handlungszentrierten Sozialpsychologie, welche Technik als spezielles gesellschaftliches Verhältnis versteht und im Anschluß an Ernst Bloch[4] auch die Dimension möglicher Technik-Medien-Nutzung skizziert: "Technology Within Every-Day-Life: What People Could Do - What People Can Do - What People Do. Towards Another Psychology of Technology in 21th Century"[5]; „(iii) hat Richard Albrecht Hinweise von Karl Marx (und Friedrich Engels) zur "relativen Übervölkerung" ernstgenommen und als einen zentralen Ansatz gehaltvoller empirischer Sozialanalyse in die aktuelle Armutsdiskussion ("poverty line", "working poor"[6]) in Deutschland einzubringen versucht."[7]

Anmerkungen

[1] vgl. zusammenfassend „surplus value" (Encyplopaedia Britannica, enlarged electronic edition: CD-Rom-version 2004²); sowie deutsch http://de.wikipedia.org/wiki/Mehrwert [251006]

[2] vgl. den Beitrag von Dr. Rainer Roth („Das Kartenhaus" [1999]) zum langfristigen Fall der Profitrate durch kapitalistische Investitionstätigkeit/en: http://www.gabnet.com/wirt/roth2-1.htm [251106]

[3] Geoffrey Kay, The Economic Theory of the Working Class (The Macmillan Press, 1979, x/140 p.), pp. 120-131

[4] http://de.wikipedia.org/wiki/Ernst_Bloch [251106]

[5] Richard Albrecht, Technology Within Every-Day Life: http://www.hausarbeiten.de/faecher/hausarbeit/soi/25189.html; deutsche Version: http://www.gabnet.com/psy/technology-dt-version.htm [251106]

[6] http://en.wikipedia.org/wiki/Working_poor [251106]; http://en.wikipedia.org/wiki/Poverty [251106]

[7] vgl. ausführlich/er Richard Albrecht, Pauper(ismus): http://www.hausarbeiten.de/faecher/hausarbeit/sok/24673.html [und] http://www.grin.de/grin/hausarbeit/sok/24673.html: gekürzte Buchversion in ders., Ekkehard Lieberam, Werner Seppmann u.a., Umbau der Klassengesellschaft Beiträge zur Klassen@analyse Band 2. Essen: Neue Impulse, 2006, pp. 138-145

Autor

Richard Albrecht ist als kulturanalytischer Sozialpsychologe (PhD.), historischer Politikforscher (Dr.rer.pol.habil.) und als free-lancer ein mit wissenschaftlichen Methoden arbeitender Autor, Essayist und Dramatiker. Er lebt in Bad Münstereifel und ist seit Herbst 2002 Editor von rechtskultur.de, dem unabhängigen online-Magazins für Bürger und Menschen(rechte) in Deutschland:

http://de.geocities.com/earchiv21/rechtskulturaktuell.htm. -

Als Autor schreibt Richard Albrecht fact, fiction & faction. Er veröffentlichte bisher 15 wissenschaftliche und Fachbücher sowie etwa 750 weitere Texte. Darüber hinaus erarbeitete er drei praxisbezogene Curricula und schrieb die *ZeitStückeTrilogie* BAS: Bewährung – Abrechnung – Stehcafé (1981-1996). - Richard Albrechts bisher wichtigster wissenschaftlicher Text erschien 1991 unter dem Titel *„The Utopian Paradigm – A Futurist Perspective"*; gekürzte Netzfassung: http://www.grin.com/en/fulltext/phg/25119.html.

Die aktuellen Buchveröffentlichungen des Autors sind das e-Buch **StaatsRache. *Texte gegen die Dummheit im deutschen Recht(ssystem)*** (München: GRIN Verlag für akademische Texte, 2005, iii/149 p.), das Vorwort ist kostenlos zugänglich:

http://www.wissen24.de/vorschau/36391.html, *Völkermord(en)* und *Armenozid* als die ersten beiden Bände der Reihe **Genozidpolitik im 20. Jahrhundert** (Aachen: Shaker-Verlag, 2006 [= Allgemeine Rechtswissenschaft]; Bd. 1, iv/182 p.; Bd. 2, iv/114 p.); das gekürzte englische Postscript des ersten Bandes ist auch copyleft: http://de.geocities.com/earchiv21/murdering.people.htm. -

Der Autor ist Mitglied der VG Wort und der FG Sozialpsychologie; e-Post bitte an / please, mail to dr.richard.albrecht@gmx.net

Bibliografische Information der Deutschen Nationalbibliothek:

Die Deutsche Bibliothek verzeichnet diese Publikation in der Deutschen National-
bibliografie; detaillierte bibliografische Daten sind im Internet über http://dnb.d-
nb.de/ abrufbar.

Impressum:

Copyright © 2017 GRIN Verlag
Druck und Bindung: Books on Demand GmbH, Norderstedt Germany
ISBN: 9783668674974

Dieses Buch bei GRIN:

https://www.grin.com/document/418590

Sophie Geerken

Geburtenrückgang und Altersstruktur in Deutschland von 1960 bis heute

Lässt sich Ulrich Becks Individualisierungsthese heute hinsichtlich der deutschen Gesellschaft bestätigen?

GRIN Verlag

Bergische Universität Wuppertal

Seminar: Kolloquium Sozialstrukturanalyse

Sommersemester 2017

Geburtenrückgang und Altersstruktur in Deutschland von 1960 bis heute

-

Lässt sich Ulrich Becks Individualisierungsthese heute hinsichtlich der deutschen Gesellschaft bestätigen?

Eingereicht von

Sophie Julia Leonie Geerken

Bachelor Soziologie

2. Fachsemester

Inhaltsverzeichnis

1. Einleitung in die Thematik

Die folgende Ausarbeitung soll den Sachverhalt des Geburtenrückgangs und der Altersstruktur der Bundesrepublik Deutschland (und der ehemaligen DDR) in seinen Ursachen und Wirkungen darstellen. Zunächst sollen die Problematiken anhand amtlicher Statistiken, Tabellen, etc. aufgezeigt und erläutert werden, um im Verlauf der Ausarbeitung die Relation zwischen den aufgezeigten Daten und der in den 1980er Jahren, von Ulrich Beck begründeten Individualisierungsthese transparent werden zu lassen. Des weiteren soll die Frage, ob sich die Individualisierungsthese aus den 1980er Jahren heute bestätigen lässt, im Fazit der Ausarbeitung beantwortet werden. Diese Fragestellung stellt die Leitfrage der Ausarbeitung dar. Da sich die Ausarbeitung auch auf einen Zeitraum vor der deutschen Wiedervereinigung bezieht (1964 - 1990), werden ebenso Daten der ehemaligen DDR verwendet, um bei einem späteren Vergleich zwischen der ehemaligen Bundesrepublik Deutschland (ohne der DDR) und dem wiedervereinigten Deutschland an keine Probleme in der Relation von Geburtenziffern zu stoßen.

Der Begriff des Geburtenrückgangs ist ein maßgeblicher Faktor für den „demografischen Wandel", welcher mitunter eine Veränderung der Altersstruktur innerhalb einer Gesellschaft beschreibt. Somit hängen die Begriffe „Altersstruktur" und „Geburtenrückgang" unmittelbar zusammen. Allerdings gibt es, neben dem Geburtenrückgang, noch viele weitere Gründe für eine Veränderung der Altersstruktur in einer Gesellschaft. Faktoren wie die längere Lebenserwartung beim Menschen und die immer besser werdende, medizinische Versorgung und Migration spielen unter anderem eine große Rolle für den demografischen Wandel. Im Allgemeinen stellt ein fortdauernder Geburtenrückgang die Gesellschaft, in der er passiert, vor zahlreiche politische und wirtschaftliche Probleme. Ist die Mortalität (Sterblichkeitsrate) höher als die Fertilität (Geburtenentwicklung) einer Nation, muss sich diese an die kommenden Auswirkungen dessen anpassen. Zum Beispiel steht bei einem gleichbleibenden Renteneintrittsalter die wachsende Zahl der Rentenempfängern gegenüber der schrumpfenden Zahl von Beitragszahlenden der gesetzlichen Rentenversicherung, was zur Erhöhung des Renteneintrittsalter sowie einer Kürzung der Beiträge führt. Werden die Bildungsinvestitionen pro Schüler in Deutschland nicht erhöht, müssen Schulen, insbesondere Vor-, und Grundschulen geschlossen, oder zusammengeschlossen werden. Ebenso hat der demografische Wandel massive Auswirkungen auf infrastrukturelle Aspekte einer Gesellschaft. Die Überalterung fordert eine Gewährleistung der Mobilität bei alten Menschen sowie ein größeres Angebot von Pflegeheimen oder Lösungen wie dem „betreuten Wohnen".

Die Individualisierungsthese wurde in den 1980er Jahren durch Ulrich Beck in neueren, soziologischen Debatten über gesellschaftliche Modernisierungsprozesse eingeführt. Sie umfasst mehrere Dimensionen, die im Verlauf der Hausarbeit noch detailliert beschrieben werden. Zusammenfassend sagt die Individualisierungsthese inhaltlich aus, dass sich das frühere, bürgerliche Gesellschafts-, und Lebensbild auflöst und anhand anderer Prioritäten neu „formatiert".

Diese Ausarbeitung soll und kann die Frage, warum der demografische Wandel auf diese Weise stattfindet nicht beantworten. Es soll lediglich aufgezeigt und erläutert werden, dass sich Aspekte, der in den 1980er Jahren begründeten Individualisierungsthese heute mit dem Hintergrund des Geburtenrückgangs und der Altersstruktur bestätigen lassen.

• 2. Grundlegende Entwicklungen

Im folgenden Kapitel sollen die Entwicklungen von der Geburtenzahl und der Altersstruktur in Deutschland ab dem Jahr 1960 dargestellt werden. Die Entwicklungen werden zunächst einmal anhand amtlicher Statistiken aufgezeigt, was dem grundliegenden Verständnis, der damit einhergehenden Problematiken dient. Die Daten der unten aufgeführten Tabellen wurden beide jeweils vom statistischen Bundesamt erhoben. Die Ausarbeitung baut auf diesen Statistiken auf, da diese die grundliegenden Tatsachen über die Altersstruktur und die Geburtenzahlen in Deutschland transparent werden lassen. Ohne diese Transparenz ist es nicht möglich die vielseitigen Ursachen und Wirkungen der Problematiken aufzuführen und zu erläutern.

• 2.1 Altersstruktur in Deutschland

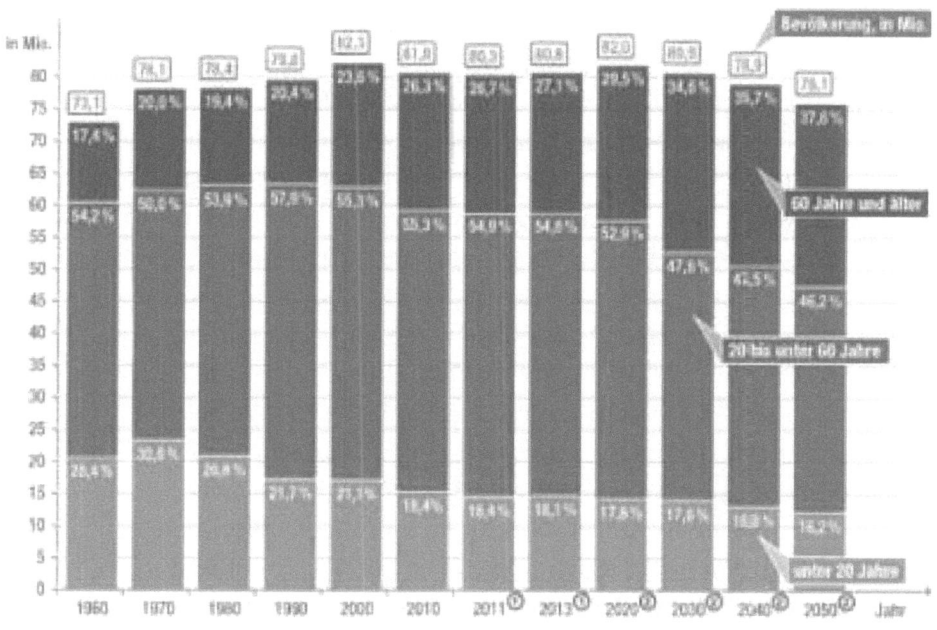

Bevölkerungsentwicklung und Altersstruktur

Bevölkerung in absoluten Zahlen, Anteile der Altersgruppen in Prozent, 1960 bis 2050

Die oben aufgeführte Statistik wird auf der Webseite der Bundeszentrale für politische Bildung veröffentlicht, verantwortlich für die Erhebung der Daten ist jedoch das statistische Bundesamt. Die Daten der Statistik über die Entwicklung der Altersstruktur in Deutschland werden von 1960 bis 2013 amtlich festgehalten (ab 2011 bis 2013 anhand des Mikrozensus) und bis zum Jahr 2050 prognostiziert. Die Prognose führt das statistische Bundesamt im Rahmen der 13. koordinierten Bevölkerungsvorausberechnung im Jahr 2015 durch, dabei werden acht Varianten für die Bevölkerungsvorausberechnung vollzogen, welche sich hinsichtlich der Berechnung des Wanderungssaldos, der Fertilität und der durchschnittlichen Lebenserwartung bei Männern und Frauen unterscheiden (1 Statistisches Bundesamt 2015). Bei der Datenerhebung handelt es sich um eine wiederholte Querschnitterhebung (bis zu dem Jahr 2013), das bedeutet, dass das statistische Bundesamt wiederholt die Daten der amtlichen Register ausgewertet hat, in dem jeder in Deutschland lebende Mensch verzeichnet sein muss. Menschen die sich illegal in Deutschland aufhalten werden dabei nicht berücksichtigt. Finanziert wurde die Datenerhebung mit Bundesmitteln, da das statistische Bundesamt ein Teil des deutschen Innenministeriums ist.

Das Stabdiagramm beschreibt die deutsche Bevölkerungsentwicklung hinsichtlich ihrer Altersstruktur in absoluten Zahlen in der Zeitspanne von 1960 bis 2050. Zu beobachten ist die enorme Verschiebung der Altersstruktur im Zeitverlauf. Bis zum Jahr 1970 spürt die deutsche Gesellschaft noch eine starke „Verjüngung" mit einem Anstieg auf insgesamt 30,0% der unter 20-jährigen und 50,0% der zwischen 20 und 60-jährigen. Dieser Schub ist dem sogenanntem „Babyboom" zu verdanken, welcher sich bis Ende der 1960er Jahre ereignete (1 Bundeszentrale für politische Bildung 2014). Von da an ereignet sich ein starkes Schrumpfen der unter 20-jährigen, bis zum Jahr 2000 sinkt der jüngste Anteil der Bevölkerung auf 21,1%. Im selben Zeitraum steigt der Bevölkerungsanteil der 60-jährigen und Älteren von 20% auf 23,6%. 3,6% hört sich zunächst einmal nicht nach einem gewaltigen Wachstum an, daneben müssen Dinge wie die Steigerung der durchschnittlichen Lebenserwartung beim Menschen in dem Zeitraum und die Fertilität beachtet werden. Die durchschnittliche Lebenserwartung ist im Jahr 2000 schon bei 75 Jahren von neugeborenen Jungs und bei 81 Jahren von neugeborenen Mädchen angelangt. In den 1970er Jahren liegt dieser Durchschnitt noch bei neugeborenen Jungs bei 68 Jahren und bei neugeborenen Mädchen bei 74 Jahren. Im selben Zeitraum (1970-2000) ist der Anteil der Bevölkerung zwischen 20 und 60 Jahren von 50,0% auf insgesamt 55,3% gestiegen. Dieser Anteil der Bevölkerung bleibt im nächsten Zeitverlauf bis 2010 gleich, während der Bevölkerungsanteil der über 60-jährigen von 23,6% auf 26,3% steigt. Bis zum Jahr 2010 ist der jüngste Bevölkerungsanteil schon auf 18,4% gesunken. Das zeigt, dass sich der jüngste Teil der Bevölkerung in 40 Jahren um fast die Hälfte verringert hat. Bis zum Jahr 2013 verringert sich der Anteil der unter 20-jährigen nur noch um 0,3%. Allerdings wird ab diesem Jahr ein weiterhin stetiges Schrumpfen für den jüngsten Bevölkerungsanteil prognostiziert. Von 2010 bis 2013 ist der Bevölkerungsanteil der über 60-jährigen von 26,3% auf 27,1% gestiegen, knapp 1% Wachstum in drei Jahren. Bis zum Jahr 2020 prognostiziert das statistische Bundesamt ein Wachstum auf 29,5% des ältesten Bevölkerungsanteils. Bis 2050 sollen sogar schon 37,6% der Bevölkerung 60 Jahre alt oder älter sein. Das steht im großen Kontrast zum vergleichsweise sehr kleinen prozentualen Bevölkerungsteil der unter 20-jährigen, welcher im Jahr 2050 auf 16,2% geschrumpft sein soll.

• 2.2 Geburtenzahlen in Deutschland

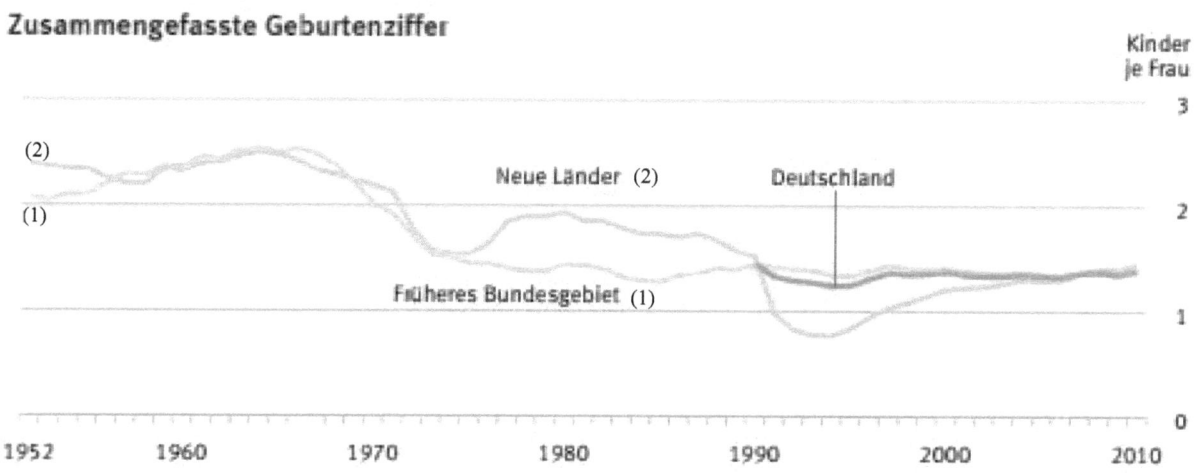

Zusammengefasste Geburtenziffer

Kinder je Frau

Seit 2001: Früheres Bundesgebiet ohne Berlin-West, neue Länder ohne Berlin-Ost.

Die oben angezeigte Grafik wird veröffentlicht in einer Broschüre des statistischen Bundesamtes zu „Geburten in Deutschland" Ausgabe 2012 auf der Webseite Destatis. Die verwendeten Daten werden von dem statistischen Bundesamt selbst erhoben bzw. ausgewertet indem jede auf dem Bundesgebiet Deutschlands passierte Geburt, den jeweilig zuständigen Ämtern gemeldet werden muss. Diese geben die Daten dann an die Landesämter weiter, wo sie für das statistische Bundesamt bereitgestellt werden. So kann das statistische Bundesamt dann beispielsweise den Geburtendurchschnitt eines Jahres errechnen (2 Statistisches Bundesamt 2012). Finanziert wird das statistische Bundesamt mit Bundesmitteln, da es ein Teil des deutschen Innenministeriums ist. Bei der aufgeführten Grafik handelt es sich um eine wiederholte Querschnittserhebung, was bedeutet, dass das statistische Bundesamt wiederholt die vorhandenen Daten der Geburten auf deutschem Bundesgebiet ausgewertet und somit die Durchschnittszahl errechnet hat. Die Grafik zeigt die zusammengefasste Geburtenziffer in Deutschland (und der ehemaligen DDR/BRD) in dem Zeitraum von 1952 bis 2010. Der gelbe Graph beschreibt die zusammengefasste Geburtenziffer der BRD und der blaue Graph beschreibt diese der ehemaligen DDR. Ab dem Jahr 1990 ist ein orangefarbener Graph eingeführt, welcher die zusammengefasste Geburtenziffer des wiedervereinigten Deutschlands beschreibt. Deutlich zu erkennen ist ein leichter Anstieg des blauen und des gelben Graphen in den 1960er Jahren auf bis zu 2,5 Geburten pro Frau. Dieser Anstieg ist als der „Babyboom" zu interpretieren, welcher sich bis zum Jahr 1970 ereignete. Zu erklären ist das „Phänomen" durch eine sogenannte „Nachholung" der Geburten, die zu Zeiten des zweiten Weltkriegs nicht möglich gewesen wären, außerdem bestärkte das „Wirtschaftswunder" in den 1960er Jahren den Babyboom (2 Bundeszentrale für politische Bildung 2012). Ab den 1970er Jahren erleben beide Länder einen starken Fall der durchschnittlichen Geburtenziffer, bis Anfang der 1970er Jahre sinkt sie um knapp die Hälfte. Diese starke und plötzliche Senkung ist als „der Pillenknick" zu interpretieren, die Verfügbarkeit der Anti-Babypille soll hier den Grund für die sinkende Geburtenrate liefern, allerdings ist dieser Grund vielfach diskutiert worden, weswegen sich nicht klar sagen lässt, ob die Einführung der Antibabypille der tatsächliche Grund ist. Ebenso besteht die Möglichkeit, dass sich viele Eltern weniger Kinder gewünscht haben, was aufgrund der vielzähligen Umbrüche naheliegt. Außerdem bedeutet die alleinige Verfügbarkeit der Antibabypille noch lange keinen Rückgang der Geburtenrate. Der Rückgang der Geburtenrate kann erst erfolgen, wenn Familien die Antibabypille verwenden, was dafürspricht, dass sie sich weniger Kinder gewünscht haben. Kinder werden zu dem Zeitpunkt nicht mehr als Altersvorsorge gesehen, wie es 100 Jahre zuvor der Fall war. Im neuen Wirtschaftssystem galt es außerdem als schwierig, berufliche Karriere und eine Großfamilie zu managen (3 Bundeszentrale für politische Bildung 2012). Ab Mitte der 1970er Jahre erlebt die Geburtenrate der ehemaligen DDR einen enormen Aufschwung, während die der BRD relativ gleichbleibend ist. Nach dem sogenannten „Pillenknick" handelte die Regierung der DDR gegen den Geburtenrückgang mit familienpolitischen Maßnahmen, wie beispielsweise Geldzuwendungen vom Staat bei Ausbleiben der Frau im Beruf und einer besonderen Stellung der Familie im Wertesystem, dadurch konnte die Geburtenrate auf 1,8 Kinder je Frau hochkorrigiert werden (vgl. ebd.). Ab den 1980er Jahren erleben beide Länder dann jedoch relativ konstant rückläufige Zahlen bei der Geburtenrate. Dieses Bild verändert sich nach der Wiedervereinigung Deutschlands kaum, in den Jahren von 1990 bis 2010 schwankt die zusammengefasste Geburtenziffer Deutschlands zwischen 1,2 und 1,4 Geburten je Frau.

• 3. Erklärungsansätze

Für die konstant rückläufige Geburtenrate in Deutschland gibt es genauso vielzählige Erklärungsansätze, wie sie Wirkungen auf das alltägliche Leben hat. Deshalb erscheint es schwierig, eine Ursache als ausschlaggebend für das Phänomen zu betiteln. Viel sinniger scheint daher der Ansatz, dass es das Zusammenspiel vieler Faktoren ist, dass den Geburtenrückgang bewirkt. Ab den 1970er Jahren entwickelte sich weitläufig der Wunsch, weniger Kinder zu haben. Beeinflusst wurde dieses Denken nicht nur von den veränderten Lebensbedingungen, die die Familien nichtmehr dazu zwangen viele Kinder zu bekommen (sinkende Kindersterblichkeit, Kinder werden nicht mehr als „Alltagsbewältiger" benötigt), sondern auch von dem veränderten Welt- und Wertebild der Menschen. Der Fokus bei der Gründung einer Familie lag nun nichtmehr darauf, die maximale Anzahl von Familienmitgliedern zu erreichen, sondern das Ideal einer „verantwortungsvollen Elternschaft" (vgl. ebd.). Die alltäglichen Lebensbedingungen der Menschen sprachen außerdem immer häufiger gegen eine hohe Anzahl von Kindern. Die Präferenz eine berufliche Karriere und ein gewisses Maß an Wohlstand im Laufe des Lebens zu erreichen, wurde allmählich vor die Präferenz, eine große Familie zu gründen gestellt.

Im Folgenden werden zwei Erklärungsansätze angerissen, die auf diesen aufbauen werden.

• 3.1 Jahrgang und Kinderanzahl

Mütter nach Zahl ihrer Kinder 2008
in %

Jahrgang und Alter der Mütter im Jahr 2008	Eins	Zwei	Drei oder mehr	Ohne Angabe
1989-1992 (16-19)	85	/	/	/
1984-1988 (20-24)	80	18	3	/
1979-1983 (25-29)	61	31	8	/
1974-1978 (30-34)	46	40	14	/
1969-1973 (35-39)	35	45	18	2
1964-1968 (40-44)	29	43	19	9
1959-1963 (45-49)	27	44	20	9
1954-1958 (50-54)	27	45	21	7
1949-1953 (55-59)	30	46	21	4
1944-1948 (60-64)	30	45	23	2
1939-1943 (65-69)	27	43	29	1
1933-1938 (70-75)	25	39	35	1

Die oben angezeigte Tabelle wurde ebenfalls in der Broschüre des statistischen Bundesamtes zu „Geburten in Deutschland" Ausgabe 2012 veröffentlicht. Die Tabelle stammt aus dem Jahr 2008 und listet die Frauen nach Jahrgang/Alter im Jahr 2008 und ihrer Kinderanzahl in Prozent auf. Eine Spalte zeigt den Prozentsatz der Frauen, die keine Angabe zu ihrer Kinderanzahl machten, diese ist hier zu vernachlässigen. Betrachtet man zunächst einmal die letzte Zeile der Tabelle, so ist unschwer zu erkennen, dass 35% der im Jahr 2008 70 bis 75-jährigen Frauen, drei oder mehr Kinder haben. Das bedeutet, dass knapp ein Drittel der Frauen die in den Jahren 1933-1938 geboren wurden, drei oder mehr Kinder bekamen. Trotz der hohen Anzahl an Frauen mit drei Kindern, in dieser Altersklasse, haben 39% dieser Frauen zwei Kinder. Daraus könnte interpretiert werden, dass der Wunsch nach weniger Kindern, schon früher bestand. 43% der Frauen des Jahrgangs 1939-1943 haben ebenso zwei Kinder, nur 27% dieser Mütter haben bloß ein Kind. In der nächsten Zeile steigt der Prozentsatz der Mütter die nur ein Kind haben schon um 3%. Die meisten Frauen des Jahrgangs 1944-1948 haben jedoch zwei Kinder. Bis zu den Jahrgängen 1964-1968 steigt und fällt der Prozentsatz der Frauen mit einem Kind minimal und ist verglichen mit den Frauen die zwei Kinder und drei oder mehr Kinder haben immer der mittlere Prozentsatz. Ab den Jahrgängen 1969-1973 steigt die Anzahl der Mütter mit einem Kind rapide nach oben, dieser Jahrgang ist ebenso der letzte Jahrgang, in dem die meisten Frauen zwei Kinder hatten. In den Jahrgang 1974-1978 haben 46% der Mütter nur noch ein Kind, 6% mehr als die Frauen mit zwei Kindern. Während der Prozentsatz der Mütter mit einem Kind immer weiter wächst, lässt sich beobachten, dass der Prozentsatz der Mütter mit drei oder mehr Kindern im Laufe der Zeit verschwindend gering wird. Nur noch 3% der Frauen aus den Jahrgängen 1984-1988 haben drei oder mehr Kinder. Verglichen mit den Frauen die 50 Jahre zuvor geboren sind, hat sich die Zahl der Frauen mit vielen Kindern um mehr als das zehnfache verringert. Aus dieser Beobachtung heraus bestätigt sich die These, dass sich das „alte Familienbild", dessen Präferenz es war, die maximale Anzahl an Familienmitgliedern zu erreichen, aufgelöst hat.

3.2 Kinderlosigkeit und Bildungsniveau

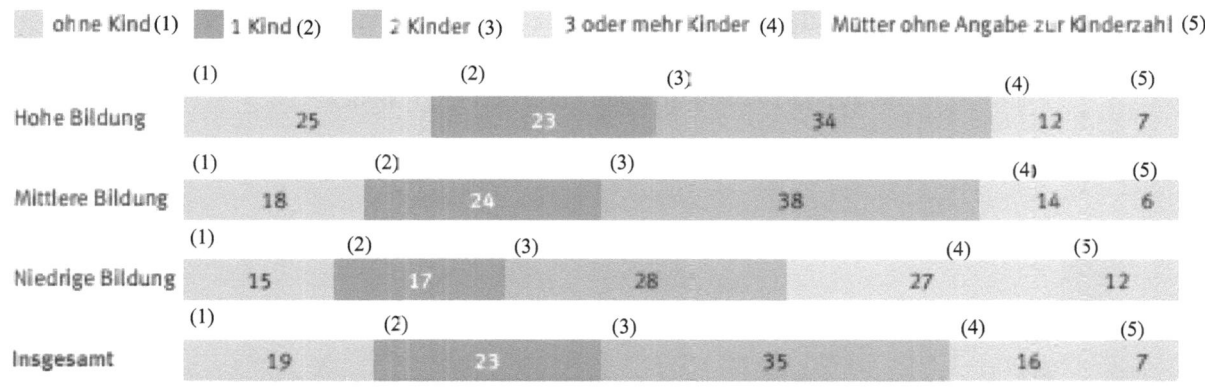

40- bis 49-jährige Frauen nach Bildungsstand und Zahl der Kinder 2008
in %

ohne Kind (1) ■ 1 Kind (2) ■ 2 Kinder (3) ■ 3 oder mehr Kinder (4) ■ Mütter ohne Angabe zur Kinderzahl (5)

	(1)	(2)	(3)	(4)	(5)
Hohe Bildung	25	23	34	12	7
Mittlere Bildung	18	24	38	14	6
Niedrige Bildung	15	17	28	27	12
Insgesamt	19	23	35	16	7

Das oben aufgeführte Diagramm wurde in der Broschüre des statistischen Bundesamts „Geburten in Deutschland" Ausgabe 2012 veröffentlicht. Es stellt die Anzahl der 40-49-jährigen Frauen nach ihrem Bildungsniveau und ihrer Kinderanzahl in % da. Aufgelistet sind Mütter ohne Kind, mit einem Kind, mit zwei Kindern, mit drei oder mehr Kindern und Mütter die keine Angabe zu ihrer Kinderzahl gemacht haben. Letzteres wird hier vernachlässigt. Die Balken sind farbig dargestellt, jede Farbe wird einer Kinderanzahlkategorie zugeordnet. Die

Zeilen beschreiben das Bildungsniveau, während die letzte Zeile die insgesamte Anzahl der Frauen in % nach ihrer Kinderanzahl beschreibt. Im Jahr 2008 haben von insgesamt 40-49-jährige Frauen, 19% kein Kind, 23% ein Kind, 35% zwei Kinder und 16% drei oder mehr Kinder. Festzustellen ist, dass die Frauen mit dem angegeben niedrigsten Bildungsniveau mit 27% die meisten Mütter von drei oder mehr Kindern sind. Dahingegen haben Frauen mit einem mittleren Bildungsniveau am häufigsten zwei Kinder, das sind insgesamt 38% der Mütter mit diesem Bildungsniveau. Frauen mit hoher Bildung haben ebenfalls mit 34% am häufigsten zwei Kinder, allerdings haben nur 12% der Frauen mit diesem Bildungsniveau drei oder mehr Kinder. Einleuchtend wird diese Statistik jedoch erst, wenn verglichen wird, welche Frauen am häufigsten kinderlos sind. 15% der Frauen mit einer niedrigen Bildung haben kein Kind, Frauen mit mittlerer Bildung sind zu 18% kinderlos und die Frauen mit einem hohen Bildungsabschluss haben am häufigsten keine Kinder, insgesamt 25% der Frauen mit hoher Bildung sind kinderlos.

Aus diesen Beobachtungen lässt sich schließen, dass das Erziehen von Kindern nicht kompatibel mit einer beruflichen Karriere ist. Die berufliche Karriere ist allerdings, gerade für Frauen, seit den 1970er Jahren immer wichtiger geworden, mit dem wachsenden Wohlstand, den veränderten menschlichen Präferenzen und den immer schlechter werdenden Bedingungen für große Familien (berufliche Karriere, Wohnungsmarkt) ist der Geburtenrückgang zu erklären. Der steigende Wert von individueller Autonomie und der Wunsch nach Selbstverwirklichung bietet Frauen wenig Möglichkeiten für die Gründung großer Familien (vgl. ebd.).

4. Ulrich Becks
Individualisierungsthese

Ulrich Becks Individualisierungsthese beschreibt einen langanhaltenden Prozess der Loslösung aus sozialen und lebensweltlichen Strukturen, den die Gesellschaft erlebt. Erstmals wird die Individualisierungsthese in den 1980er Jahren durch Ulrich Beck in die neuere soziologische Debatte um gesellschaftliche Modernisierungsprozesse eingeführt (1 single Generation 2016). Nach Beck ist der Prozess der Individualisierung abhängig von den veränderten Lebensbedingungen, welche sich durch den Übergang von der industriegesellschaftlichen Lebensform hin zur modernen Lebenswelt entwickelten. Der gesteigerte Wohlstand, die verkürzten Arbeitszeiten und die dadurch größere Verfügbarkeit von Freizeit, die schärfere individuelle Konkurrenz in Bildungseinrichtungen und im Beruf, die höheren Bildungsniveaus und die vermehrte Mobilität zwingen die Menschen zu einem sehr viel individuellerem Handeln und Leben als zuvor (1 studlib 2017). Das allgemeine Leben ist immer weniger abhängig von vorgegebenen und selbstverständlichen Mustern wie sie einst Kirche und Religion, Familie und Gemeinde und die soziale Klasse vorgaben. Die Individualisierungsthese wird von Ulrich Beck in drei Dimensionen gegliedert. Die erste Dimension wird „Freisetzungsdimension" genannt und bezeichnet die Herauslösung der Menschen aus traditionellen Klassenbindungen, historisch vorgegebenen Sozial- und Herrschaftsstrukturen, den Verlust von Versorgungsbezügen der Familie und den Verweis auf das individuelle Schicksal auf dem modernen Arbeitsmarkt. Die zweite Dimension ist die „Entzauberungsdimension" und beschreibt die Auflösung der industriegesellschaftlichen Lebensform der Kleinfamilie und dadurch den Verlust von traditionellen Sicherheiten in Bezug auf Handlungswissen, Glauben und leitende Normen. Die „Kontroll- und Reintegrationsdimension" ist die dritte Dimension aus Ulrich Becks Individualisierungsthese und bezeichnet die neue Art der sozialen Einbindung und die Vergesellschaftung in die moderne Lebenswelt. Die Individuen werden abhängig von dem Arbeitsmarkt, den Bildungsinstitutionen, dem Sozialstaat und der Dienstleistungsgesellschaft (vgl. ebd.). In Bezug auf die Sozialstruktur sei die soziale Ungleichheit nach Beck jedoch gleich geblieben. Einkommensabstände, Prestigeabstufungen und Machtgefälle sollen sich seit den 1960er Jahren nicht verändert haben. Die Gesellschaft ist insgesamt wohlhabender geworden, was nach außen hin so aussieht, als sei das Gefüge sozialer Ungleichheit weniger ausgeprägt, dieser Effekt wird als „Fahrstuhleffekt" bezeichnet (vgl.ebd.).

• 5. Fazit

Im folgenden Teil der Ausarbeitung soll die Leitfrage, ob sich Ulrich Becks begründete Individualisierungsthese hinsichtlich der deutschen Gesellschaft heute bestätigen lassen kann, beantwortet werden. Es wurden vier Statistiken über die Altersstruktur, den Geburtenrückgang, den Jahrgang und die Kinderzahl und das Bildungsniveau und die Kinderlosigkeit ausgewertet, außerdem wurde Ulrich Becks Individualisierungsthese vorgestellt. Wird die Entwicklung der Altersstruktur und der Geburtenrückgang in Deutschland in Betracht gezogen, stellen sich zahlreiche Fragen. Die Frage nach dem „Warum" kann nicht eindeutig beantwortet werden, da es genauso zahlreiche Theorien wie Gründe dessen für diese Probleme gibt. Werden die Fakten der beschriebenen Statistiken über den Jahrgang und die Kinderzahl und das Bildungsniveau und die Kinderlosigkeit ebenso in Betracht gezogen, so scheint es relativ einleuchtend, dass sich die Individualisierungsthese heute bestätigen lässt. Die Auflösung des klassischen Familienbildes (Freisetzungsdimension) lässt sich anhand der Daten über Jahrgang und Kinderzahl deutlich bestätigen. Kinder werden in der modernen Lebenswelt nichtmehr als „Alterssicherung" oder „Alltagsbewältiger" benötigt, häufig erschweren sie sogar die individuelle „Selbstverwirklichung". Arbeitswelt und Großfamilie lassen sich nicht kombinieren. Werden die Daten über das Bildungsniveau und die Kinderlosigkeit in Betracht gezogen, wird auch hier eine ausgeprägte Relation zur Individualisierungsthese deutlich. Das klassische Familienbild hat sich aufgelöst, Frauen bekommen immer später ihr erstes Kind und streben nach dem beruflichen Aufstieg und einem höheren Bildungsniveau, was die Gründung einer Familie erstmal erschwert. Becks Individualisierungsthese ist viel umstritten, dennoch weist sie deutliche Relationen zu heutigen Problematiken auf, weswegen sie sich heute in vielerlei Hinsicht bestätigen lassen kann. Damit ist jedoch keine eindeutige und allgegenwärtige Antwort auf die Frage nach dem „Warum" geliefert, sondern erleichtert lediglich den Blick auf die aktuellen Tatsachen.

- # **Literaturverzeichnis**

- 1 Statistisches Bundesamt Destatis *Bevölkerung Deutschlands bis 2060, 13. Koordinierte Bevölkerungsvorausberechnung (2015)* (https://www.destatis.de/DE/Publikationen/Thematisch/Bevo elkerung/VorausberechnungBevoelkerung/BevoelkerungDeut schland2060Presse5124204159004.pdf?__blob=publicationF ile, zuletzt aufgerufen am 18.09.2017).

- 1 Bundeszentrale für politische Bildung *demografischer Wandel in Deutschland und Europa (2014)* (https://www.bpb.de/politik/grundfragen/deutsche-verhaeltnisse-eine-sozialkunde/138003/historischer-rueckblick?p=all, zuletzt abgerufen am 20.09.2017).

- 2 Statistisches Bundesamt Destatis *Die Statistik der Geburten* (https://www.destatis.de/DE/ZahlenFakten/GesellschaftStaat/ Bevoelkerung/Geburten/Aktuell.html, zuletzt abgerufen am 20.09.2017).

- 2 Bundeszentrale für politische Bildung *Historischer Rückblick (2012)* (https://www.bpb.de/politik/grundfragen/deutsche-verhaeltnisse-eine-sozialkunde/138003/historischer-rueckblick?p=all, zuletzt abgerufen am 20.09.2017).

- 3 Bundeszentrale für politische Bildung *Pillenknick (2012)* (http://www.bpb.de/politik/grundfragen/deutsche-verhaeltnisse-eine-sozialkunde/138404/glossar?p=136, zuletzt abgerufen am 20.09.2017).

- 1 single Generation *Individualisierung (2016)* (http://www.single-generation.de/glossar/individualisierung.htm, zuletzt abgerufen am 27.09.2017).

- 1 studlib *Ulrich Beck: Individualisierungsthese (2017)* (https://studlib.de/5511/sozial/ulrich_beck_individualisierung sthese, zuletzt abgerufen am 27.09.2017).

- **Statistiken**

- Bevölkerungsentwicklung und Altersstruktur
  (http://www.bpb.de/system/files/datei/SO-01_04-svg-
  standard.svg#, zuletzt abgerufen am 20.09.2017).

- Zusammengefasste Geburtenziffer
  (https://www.destatis.de/DE/Publikationen/Thematisch/Bevo
  elkerung/Bevoelkerungsbewegung/BroschuereGeburtenDeuts
  chland0120007129004.pdf?__blob=publicationFile,   zuletzt
  abgerufen am 20.09.2017).

- Jahrgang und Kinderanzahl
  (https://www.destatis.de/DE/Publikationen/Thematisch/Bevo
  elkerung/Bevoelkerungsbewegung/BroschuereGeburtenDeuts
  chland0120007129004.pdf?__blob=publicationFile,   zuletzt
  abgerufen am 21.09.2017).

- Kinderlosigkeit und Bildungsniveau
  (https://www.destatis.de/DE/Publikationen/Thematisch/Bevo
  elkerung/Bevoelkerungsbewegung/BroschuereGeburtenDeuts
  chland0120007129004.pdf?__blob=publicationFile,   zuletzt
  abgerufen am 21.09.2017).